SUITE

DE

LA PERSÉCUTION ECCLÉSIASTIQUE

CONTRE

LES PRÊTRES TOUJOURS SOUMIS AUX LOIS.

———

Faits relatifs à M. Joseph – Élisabeth Lanjuinais, prêtre, docteur en théologie et en droit, chanoine – titulaire du chapitre de Rennes, et ancien premier vicaire-général du même diocèse.

Ab uno disce alios.

—

Gratis nos et impunè persequuntur.

PARIS.

BAUDOUIN FRÈRES, IMPRIMEURS-LIBRAIRES,
RUE DE VAUGIRARD, N° 36.

FÉVRIER 1821.

EXTRAIT DE LA CHRONIQUE RELIGIEUSE,
TOME VI, PAGE 47.

L'exemple qui suit va de plus en plus faire connaître quels sont les prêtres que, par un système général de faux zèle et de fausse politique, on humilie, on dégrade, on plonge, quand on le peut, dans la misère, s'ils ne veulent pas consentir par écrit, à trahir leur conscience, à se déshonorer eux-mêmes, à se constituer rebelles aux lois, en reconnaissant la nullité des actes de leur ministère de 1791 à 1802, et la validité d'un bref apocryphe, illégal, anti-canonique, perturbateur.

Après quarante et un ans de bonnes œuvres et d'exercice irréprochable du sacerdoce, M. Lanjuinais, sous-doyen du chapitre de Rennes, et frère d'un pair de France, est incriminé, menacé d'être interdit de ses fonctions et de perdre son état, précisément pour avoir toujours demeuré fidèle aux lois du royaume, aux règles de l'Église gallicane, et refusé de reconnaître que c'est là, maintenant, un tort impardonnable.

Persécuté de la sorte en sa ville natale, il s'est réfugié ailleurs, selon le commandement de l'Evangile.

Ses amis ont voulu publier les faits qui le concernent ; il ne s'est pas refusé à les en instruire, croyant ainsi obéir au précepte de l'Écriture : *Ayez soin de votre réputation.* Il en est résulté l'exposé qui suit, divisé en six paragraphes, selon l'ordre des temps.

Au reste, ce qui nous a paru toucher le plus M. L. , ce n'est point ce qui le regarde ; c'est le vif désir et l'espoir de consoler , en quelque manière, ceux de ses confrères innocens comme il croit l'être, paisibles et silencieux comme il l'a toujours été, qui sont appelés comme lui au calice d'amertume et d'injustice, mais qui plus malheureux que lui, sont accablés des infirmités de la vieillesse, et dénués des secours de la vie.

FAITS RELATIFS

A

M. JOSEPH-ÉLISABETH LANJUINAIS,

PRÊTRE, DOCTEUR EN THÉOLOGIE ET EN DROIT,
CHANOINE-TITULAIRE DU CHAPITRE DE RENNES,
ET ANCIEN PREMIER VICAIRE-GÉNÉRAL DU MÊME DIOCÈSE.

§ Ier. *Avant* 1791.

M. Lanjuinais, prêtre, est né à Rennes, le 18 novembre 1755. Dès l'âge de douze ans, se croyant appelé à l'état ecclésiastique, et voulant se disposer à remplir dignement sa vocation, il consacre le temps de sa jeunesse à l'étude, à la prière et à la pratique des autres devoirs de la religion catholique. Reçu docteur avant d'être honoré du sacerdoce, il fut ordonné prêtre en 1779. Il en exerça, aussitôt, les fonctions à la campagne. Sept mois après, le curé de Saint-Sauveur de Rennes, grand-pénitencier, témoin long-temps de ses études, de ses talens et de ses vertus, l'obtint pour vicaire et sous-diacre d'office au mois d'août 1780. Le 13 mai 1783, M. l'évêque de Rennes, Barreau de Girac, le nomme promoteur par intérim à l'officialité qui alors existait légalement. Au mois de juillet 1788, il est nommé par le Pape, chanoine de la cathédrale de

Quimper. M. L. refuse ce bénéfice pour rester vicaire. Sur le registre laissé en 1791, par M. Barreau de Girac, il est signalé en ces termes : *Propre à tout.*

§ II. *Pendant la révolution.*

En 1791, Louis XVI déclare *déloyaux sujets* les ecclésiastiques de tous les rangs qui refuseront à la loi de la *Constitution civile du Clergé*, l'obéissance due aux lois du royaume. Plusieurs évêques, avec la majeure partie du clergé du second ordre, s'y soumettent. M. L. a recours à ses conseils habituels, l'étude et la prière. Convaincu bientôt qu'il doit obéir, il le fait, le 11 janvier 1791. Le premier évêque constitutionnel de Quimper, lui offre à choisir entre la place de supérieur de son séminaire et celle d'un de ses vicaires épiscopaux, M. L. se refuse à ces offres honorables ; M. Le Coz, élu pour le siége de Rennes, nomme M. L. le premier de ses vicaires, et en fait le directeur de sa conscience pendant dix à onze ans. Détenu comme suspect, en 1793, à cause des prétendus crimes de son frère alors proscrit comme royaliste, il refuse des conditions impies et honteuses auxquelles on lui offre sa liberté, il subit onze mois de détention. Rendu à la vie sociale, il saisit toutes les occasions d'être utile au clergé insoumis. Il a été membre et premier secrétaire du Concile national de 1797, qui, d'un mouvement spontané et unanime arrêta et exécuta, quoiqu'infructueusement, des démarches pressantes pour le rappel du clergé émigré. Elu évêque de Tours, et sollicité pour occuper d'autres siéges épiscopaux, son humilité l'a toujours décidé à refuser un ministère aussi redoutable.

§ III. *Sous Napoléon.*

M. Lanjuinais, alors sénateur, fut averti par le chef du gouvernement que son frère , prêtre et docteur , pouvait être nommé évêque. La réponse du sénateur fut : *On peut accepter un tel fardeau ; on ne doit pas le demander.*

Arrive le concordat de 1802 ; M. L. peut choisir entre le titre de grand-vicaire à Besançon ou à Rennes ; il refuse l'un et l'autre, et accepte, comme sa retraite, le canonicat dont il est encore titulaire. M. de Maillé, son évêque, indisposé d'abord contre lui, le recherche bientôt, veut en être accompagné à l'autel, lui donne des marques d'estime, et meurt à Paris, regrettant d'avoir écouté des préventions qu'il a reconnues mal fondées. M. Mounier, ex-constituant et alors préfet de Rennes, ne s'est point laissé circonvenir par les adversaires de M. L., toujours ennemis de la soumission aux lois (1), et de ceux qui l'ont pratiquée. M. L. avait signé le concordat de

---

(1) Ils se révoltent en 1791, contre la loi de la constitution civile ; en 1802, contre l'accord entre le Pape et l'empereur, qui réconciliait sans rétractation ; depuis et actuellement contre Louis XVIII, en combattant par leur conduite et par leurs écrits, les libertés de l'Eglise gallicane, malgré les ordonnances du Roi, en voulant faire obéir à de prétendus brefs qui n'ont point l'attache du gouvernement, et entraîner tout le clergé dans leur défection.

1802, et l'abandon de la constitution civile du clergé ;
M. de Maillé lui avait donné spontanément une lettre
de communion (1), et une approbation même pour
les cas réservés. M. Enoch succède à M. de Maillé ;
les adversaires de M. L., toujours suivant le même système, continuent d'intriguer contre lui. Ils vont même
jusqu'à déclarer au nouvel évêque, qu'ils procéderont
ex officio (2) contre M. L., et ils n'abandonnent cet
audacieux projet que d'après cette réponse de M. Enoch :
« Faites ce que vous jugerez convenable , mais n'ou-
» bliez pas que je serai le juge.» M. Enoch était si loin
de partager leurs sentimens que ce fut à M. L. qu'il
s'adressa premièrement pour lui proposer l'éducation
des ordinans ; il l'a même assez estimé pour souhaiter
qu'il eût partagé avec lui le poids de l'épiscopat, en

---

(1) *Lettre de Communion.*

Jean-Baptiste-Marie de Maillé , par la miséricorde divine et l'autorité
du Saint-Siége apostolique, évêque de Rennes, certifions et attestons ,
pour valoir où il appartiendra, que M. Joseph-Élisabeth Lanjuinais,
ancien sous-diacre d'office de la paroisse de Saint-Sauveur de Rennes,
est réuni à nous , conformément à la loi du 18 germinal dernier.

Donné à Rennes, le 16 fructidor an X, de Jésus-Christ, 1802.

† J.-B. M., évêque de Rennes ;

Par M. l'évêque, J. Fourgon, secrétaire par intérim.

(2) C'est-à-dire, devant une illégale et plus que ridicule *officialité*,
tribunal prétendu rétabli à Rennes, et qui croit seul à son existence.
M. Enoch, par trop de complaisance, en avait nommé les officiers ; mais
on voit ici par sa réponse, qu'il avait la sagesse d'en méconnaître la juridiction. *V. les Officialités supprimées par la loi , rétablies par des évêques*; par M. Lanjuinais, pair de France. In-8°, 1820, Paris, chez Baudouin frères.

qualité de coadjuteur. C'est-là ce qu'il ne lui a pas laissé ignorer.

§ IV. *Sous Louis XVIII.*

On voit arriver à Rennes un fort détachement de missionnaires ; ils se disent , ils se déclarent autorisés à disposer des emplois civils , militaires , ecclésiastiques de tous ceux qui ne leur seraient pas dociles. On tremble à Rennes devant ces redoutables apôtres ; la crainte abat à leurs genoux ceux qui adorent les puissans du jour. M. L. est une des victimes qui leur a été désignée. Avant d'exercer un ministère dont la charité doit être l'ame et la fin, ils osent par deux fois commander, pour ainsi dire, à l'évêque de Rennes, la destitution et le renvoi de M. L. inamovible comme chanoine ; c'est un préalable qui leur paraît utile, ou même nécessaire au succès de leur mission. A leurs interpellations répétées , M. Enoch oppose deux fois cette réponse : *Je ne le dois pas, car je n'ai rien à reprocher à M. L., et je ne le peux, car il a un titre dont je ne pourrais disposer, sans lui faire son procès, et ce ne serait pas sans injustice.* Quelques jours après, la mission commence, et de suite, la chaire et le confessionnal sont employés à déclamer contre *les biens mal acquis,* à dépeindre les prêtres toujours soumis comme des loups dans la bergerie. Ces exemples scandaleux sont bientôt suivis et surpassés par des prédicateurs et des confesseurs diocésains ; c'est ainsi que le fanatisme, et religieux, et politique, montrant des devoirs et des fautes où il n'y en a point, attaquant à la fois les lois du pays et les règles de l'Église, trouble l'État, outrage la religion, la rend, s'il est possible, funeste au peuple et ridicule aux sages du monde. Comment seraient-ils crus, annonçant l'autre vie, ceux qui dans celle-ci affectent la domination et tyrannisent les hommes ?

La réputation de M. L., accompagnée de la patience et du silence, triomphe encore cette fois de la méchanceté de ses adversaires. Il continue l'exercice de son ministère avec la même édification. Le 3 novembre 1819, M. L. est le premier auquel M. Enoch confie la nouvelle de la démission de son évêché. Après lui avoir témoigné la peine qu'il en éprouve, M. L. exprime sa trop juste inquiétude, ses craintes trop légitimes, relatives aux persécutions possibles de la part d'un nouvel évêque. M. Enoch l'assure qu'il n'a rien à craindre de son successeur, et quelques jours après, il lui remet le certificat suivant :

« Nous, Etienne-Célestin Enoch, évêque de Rennes,
» attestons que M. Lanjuinais (Joseph-Élisabeth), prêtre,
» docteur en théologie et en droit, chanoine-titulaire de
» l'église cathédrale de Rennes, depuis le concordat de
» 1801, s'est toujours comporté en bon ecclésiastique,
» qu'on l'a toujours vu attaché à tous ses devoirs, aussi
» édifiant par la régularité de sa conduite et la pureté
» de sa foi que par son assiduité aux offices, et son zèle
» à remplir toutes les fonctions de son ministère.

» En foi de quoi, nous lui délivrons avec plaisir, le
» présent certificat, pour lui servir en tant que besoin.

» Donné à Rennes, sous notre seing et notre sceau, le 9 nov. 1819.»

É.-C. ENOCH, évêque de Rennes.

C'est là un témoignage fondé sur dix-sept ans d'observations journalières faites au milieu des diffamateurs continuels de M. L.

§ V. *Sous l'évêque actuel, M. le baron de Mannay.*

La nomination de M. le baron de Mannay, à l'évêché de Rennes, se répand, et en même temps différens bruits courent sur son compte. On a dit qu'il avait été fait prisonnier dans les guerres de la Vendée, qu'il a été depuis, comme évêque de Trèves, membre du conseil de conscience de Napoléon ; on a dit qu'il a été à Savonne l'un des prélats placés par le gouvernement auprès du Pape, chargés de le surveiller et de lui faire adopter la déclaration de 1682 ; et que loin de donner alors aux brefs du Pape, plus d'autorité qu'il ne faut, il avait conjointement avec d'autres prélats français , prononcé la nullité du bref d'excommunication contre l'empereur.

Cependant M. de Mannay arrive à Rennes ; c'est la veille du jour de la Pentecôte. Dans son discours d'installation, il distingue par de grands éloges, le clergé autrefois insoumis ; il exalte encore l'insoumission par un mandement lu, huit jours après, dans la chaire de la cathédrale, sans oublier les louanges aux Vendéens, aux *mission naires*, aux *congrégations*, etc. Il y renouvelle les pouvoirs ordinaires et extraordinaires pour quelques mois à tous les prêtres. M. L. en use ainsi que les autres pendant cinq mois. L'évêque s'entoure des prêtres les plus marquans parmi les ci-devant insoumis, et ne donne ni à M. L. , ni aux autres prêtres toujours soumis aux lois, aucune marque d'estime, ni d'intérêt. Il maintient des

prêtres insoumis du diocèse qui ont notoirement la réputation d'anciens ex‑chefs de chouans, etc. , etc.
Les censures dont l'Eglise les a frappés semblent dispa-
raître devant une certaine conformité d'opinion. On
tenait fréquemment à l'évêché , contre le clergé dit
constitutionnel, éteint de lui‑même depuis 1802, des
conseils, et l'indiscrétion de ces conseils ne laissait rien
à désirer à la curiosité du public. Les passions ne sont
pas discrètes ; aussi telles dames de Rennes , prédisaient
dans les derniers jours d'octobre , avec certitude, la
guerre que l'évêque allait faire à M. L. et à ses confrères les *jureurs*. On disait que le succès ne pouvait
pas être douteux, parce que de fait il n'y a dans ce mo‑
ment nul recours aux autorités (1).

§ VI. *Entretien de M. l'évêque de Mannay avec M. L.,*
du 5 décembre 1820.

Le 5 décembre dernier, un des vicaires-généraux de
M. de Mannay, prévient M. L. , que l'évêque veut lui
parler. A l'évêché, M. L. rencontre plusieurs de ses
confrères, triomphant à l'approche d'une attaque si long-
temps, si profondément réfléchie, et concertée encore le

---

(1) L'appel simple au métropolitain ne présente point de ressource;
et l'appel comme d'abus au profit des particuliers, est de fait comme
supprimé en France. Le système d'indépendance de M. de La Mennais,
se conciliant avec l'indifférentisme de M. B...t, sont plus forts que la
loi. Voyez le livre de M. Tabaraud, intitulé, *De l'appel comme d'abus,*
et dissertation sur les interdits arbitraires. In-8°, Paris, chez Égron, 1820.
Lacerata est lex, et judicium non pervenit ad finem, H abac., cap. I.

jour même de la fête de l'évêque , au milieu du festin épiscopal ; on n'a pas besoin de dire que M. L. en avait été exclus. L'évêque le fait passer dans son cabinet, où il le laisse seul quelque temps pour aller mettre au net une formule de rétractation dont il ne tarde pas à lui proposer la signature. Il faut absolument qu'il signe , s'il ne veut pas cesser l'exercice du ministère, dont quatre évêques consécutifs l'avaient si long-temps jugé digne, en l'honorant d'une estime très-distinguée. Cette formule dont on exigeait la signature de suite , *de confiance et avec soumission*, était composée de trois articles : 1° *renonciation aux erreurs* prétendues renfermées dans la loi de constitution civile du clergé ; 2° reconnaissance de la nullité des actes d'autorité spirituelle , faits par les prêtres assermentés ; 3° adhésion d'esprit et de cœur à un prétendu bref de Rome daté du 13 avril 1791 , que *le silence de l'Eglise* joint à *l'acceptation du clergé insermenté* avait rendu *loi* ecclésiastique. Il est inutile d'ajouter que cette signature devait être accompagnée d'une contrition sincère. Tels sont les fruits de persécution que l'on se promettait d'obtenir de M. L. , et des autres prêtres toujours soumis aux lois de l'État et aux véritables règles de l'Église.

Voici quelques traits du dialogue entre M. l'évêque et M. L. , avec certains développemens omis par respect, ou par la conviction qu'ils seraient mal écoutés. Les principales paroles de M. l'évêque sont ici rendues avec la fidélité la plus scrupuleuse.

M. de Mannay rentré seul dans son cabinet avec M. L. : Vous êtes instruit, Monsieur....

M. L. Si je le suis, j'en dois goûter mieux l'avantage de m'entretenir sur des matières ecclésiastiques avec un prélat qui s'est distingué par son instruction. D'abord, je déclare être parfaitement soumis à tous les symboles de l'Eglise catholique sans aucune restriction.

M. l'évêque. Je ne veux et ne puis *employer*, dans mon diocèse, *que les ecclésiastiques qui partagent mes sentimens*. Je n'ignore ni l'*abandon* que vous avez fait de la constitution civile du clergé, ni la lettre de communion que vous avez reçue de M. de Maillé, ni *la signature* que vous avez faite du concordat, mais je sais aussi que peu de temps après (1), vous vous êtes exprimé d'une manière à laisser croire que vous n'aviez pas *changé de sentimens*, ou que vous les aviez repris.

M. L. M. de Maillé lui-même avait annoncé qu'il n'exigeait aucune rétractation, et qu'il punirait ceux qui donneraient, à ce qu'on exigeait en 1802, le nom de rétractation. Il y a eu, dans plusieurs diocèses, des mandemens qui ont prohibé les rétractations. Je n'ai donc point eu à délibérer si je devais changer de sentimens ; j'ai toujours cru, je suis obligé de croire, par respect même pour l'autorité ecclésiastique, que je n'ai fait que remplir mon devoir en me soumettant aux lois en 1791, par les plus purs motifs de nécessité morale et de charité. Vous savez cet axiôme, fondé sur les Saintes Écritures, consacré par la tradition et par les canonistes, que dans ce qui n'est pas *évidemment contraire à la foi, la loi civile doit au moins, en cas de nécessité, nous*

---

(1) Il y aurait environ dix-huit ans.

servir de règle. Louis XVI avait déclaré *déloyaux sujets* les membres du clergé qui seraient réfractaires.

M. l'évêque. Mais le testament de Louis XVI ?

M. L. J'ai toujours reconnu dans Louis XVI un bon et trop malheureux prince. J'ai dû lui obéir comme au suprême organe de la loi. Il l'avait sanctionnée ; et de plus, il l'avait publiée, avec une exhortation la plus impérative à l'obéissance. Je ne vois rien de contraire dans son testament, qu'une énonciation hasardée, démentie dans l'Evangile en termes positifs (1), et sévèrement réprouvée en conséquence, par Gerson, Fleuri, Bossuet, etc. ; etc., etc. Je conçois que le dernier confesseur de Louis XVI, M. Edgewort, a dû être pour quelque chose dans la rédaction du testament ; mais vous pardonnerez à un chrétien, à un citoyen de préférer ici au langage du roi, devenu victime et testateur, et à l'influence présumée du confesseur insoumis, les textes évangéliques, et le commandement solennel de la loi et du roi.

Si Mgr. me faisait l'honneur de me dire : Mais nous lisons dans l'Eglise, depuis 1815, le testament de Louis XVI ; il n'est donc pas contraire à l'Evangile, et la loi de 1815 abroge celle de 1791, ma réponse serait fort simple : Plus d'une loi a ordonné de lire dans l'Eglise ce qui est contraire à l'Evangile. La contrariété dont il s'agit, se juge en comparant les textes, et non

______

(1) *Sicut misit me pater, ego mitto vos,* etc., etc.. *V.* Bossuet, Défense de la Décl., liv. 12, ch. 14, liv. 13, ch. 11—18. Sans doute, l'Eglise tient ses pouvoirs de Jésus-Christ, et non pas du premier vicaire de Jésus-Christ.

par induction d'une loi. D'ailleurs, aucune autorité sé-
culière ne peut faire règle doctrinale de l'Eglise catholique. J'ajoute : Le testament fût-il une loi, et la loi
fût-elle une règle de l'Eglise catholique, ni l'un ni l'autre
ne sauraient du moins avoir d'effet rétroactif.

M. M. A la loi publiée par Louis XVI, vous ne deviez
obéir que d'une obéissance *passive* et non *active*.

M. L. Cette distinction ne peut s'appliquer à l'objet
de notre discussion qui ne regarde en rien la foi, dont le
caractère est l'immutabilité. La loi de 1791 était passa-
sagère ; elle concernait la pure discipline extérieure,
qui varie suivant les circonstances, et souffre exception
suivant que l'exigent la charité et le besoin des fidèles.
On devait à cette loi l'obéissance passive, comme vous
en convenez ; on pouvait aussi lui accorder l'obéissance
active, qui n'est pas précisément une approbation.

M. M. Le petit nombre des assistans aux offices que
vous célébrez, parle assez contre vous.

M. L. Ah! Mgr., la cause de ce fait vous est bien connue ;
vous savez que c'est l'intrigue aussi active que malveillante
de plusieurs confrères. La ruse et la cruauté des oppres-
seurs ne doivent pas tourner contre leur victime. Quant
à la nécessité de se conformer à toute opinion ecclésiastique de l'évêque, pour qu'on puisse militer sous lui,
c'est une nouveauté bien contraire à l'Écriture (1), à la
doctrine de saint Augustin, avouée, enseignée partout :
*unité dans la foi, liberté dans les choses douteuses,
charité en tout*. Je vous en conjure : ne soyez pas ré-

---

(1) *Neque ut dominantes in cleris*, 1 petr. 5, 3.

formateur des règles et de la conduite de l'Eglise. Suivez plutôt l'esprit qui a guidé Alexandre V après le concile de Pise, dans un cas semblable, et Pie VII, dans l'affaire actuelle. L'un et l'autre, loin de nourrir ou de rallumer les dissensions, dont ils furent les tristes témoins, se sont empressés de recourir aux flammes de la charité qui ont dévoré jusqu'aux prétextes de la malveillance. La guerre serait-elle votre élément nécessaire ? Vous nous forceriez de le croire, si vous entrepreniez de ressusciter une querelle finie par le commun accord des deux autorités, et par la conduite de vos deux derniers prédécesseurs. Non, vous ne sèmerez pas la discorde, mère des troubles publics ; vous respecterez le concordat de 1802, vous ne troublerez point les cendres des morts, ni la tranquillité des vivans ; vous ne persécuterez point. Autrement que dira-t-on ? si ce n'est qu'au lieu d'être à Jésus-Christ seul, vous voulez qu'on soit à Apollon ou à Céphas ; que vous approuvez les excès du clergé qui fut insoumis ; que vous voulez lui asservir les consciences, satisfaire la soif qu'il a de toutes les places, et des biens dits nationaux (1), enfin que vous servez une haine injuste et toute de système politique envers des prêtres irréprochables.

___

(1) C'est une chose notoire à Rennes, que tels prêtres qui déclament contre ce qu'ils appellent les biens mal acquis, en achètent pour eux ; et que d'autres en acceptent par d'heureux testamens, et en recueillent par succession. Mais ils savent mettre leur conscience d'accord avec leurs doctrines, en se faisant dispenser par les supérieurs ecclésiastiques ; et ceux-ci deviennent d'autant plus puissans, qu'ils se permettent contre la loi fondamentale et contre les autres lois, plus d'invectives. Quel monstrueux système !

M. M. L'Eglise constitutionnelle n'avait pas de pouvoirs ; d'où les aurait-elle reçus ?

M. L. Il me serait facile de rétorquer l'argument d'une manière victorieuse. Les pouvoirs des insoumis dont vous semblez reconnaître la validité, quelle source pouvaient-ils avoir ? Veut-on les tirer des évêques réfractaires ? Mais ces évêques n'en avaient plus ; leur insoumission étant regardée et déclarée par la loi abdication de leurs siéges ; et leur bannissement à perpétuité, entraînant leur mort civile et la vacance de leurs titres ; ces deux raisons dont une eût suffi pour éteindre leurs pouvoirs, rendaient nuls ceux qu'ils ont cru communiquer aux prêtres insoumis. Veut-on dériver ces pouvoirs de l'autorité des vicaires apostoliques ? Nous ne reconnaissons pas ces vicaires, et leur juridiction est nulle en France. Comment donc croire à la validité de ces pouvoirs, autrement que d'après la *nécessité* et la *charité* ? Comment invoquer l'une ou l'autre de ces deux sources, à moins d'en reconnaître pour nous aussi l'efficacité ? Je réponds directement à votre objection. Les prêtres soumis en reconnaissant la loi, n'étaient pas à la vérité revêtus de pouvoirs *suivant la pratique du concordat de Léon X*, qui venait d'être abrogé ; mais ils l'étaient, d'après la loi de la constitution civile du clergé, qu'on exécutait alors, et qui était fondée sur la discipline ancienne, ordinaire et apostolique. Elus évêques des siéges vacans, sacrés et institués par des évêques catholiques, les évêques constitutionnels étaient ainsi que ceux des douze, des quatorze premiers) siècles de l'Eglise, et d'après les canons universels et gallicans, chacun dans son diocèse, revêtus de toute l'autorité suffisante, pour gouverner canoniquement et légalement. Cette source de pouvoirs valait tout au moins celle que l'on venait de quitter; mais n'eussent-ils eu pour eux que la nécessité comme saint Epiphane et d'autres saints en usaient dans des diocèses vacans, pouvez-vous en contester la valeur? N'eussent-ils eu que le pouvoir d'ordre, la nécessité ne suppléait-elle pas à l'institution canonique? La charité de l'Eglise, jointe au titre coloré, ne couvre-t-elle pas tous les défauts de forme, comme on le reconnaît pour les élections des papes simoniaques et intrus? Voilà plus qu'il n'en faut pour satisfaire à votre question. J'ajoute: Alexandre V, après la fin du schisme d'Occident, ne mit point en doute la validité des actes des papes déposés. Ce schisme, comme celui de 1791, n'en était pas un de droit, puisque tous étaient disposés à s'en rapporter au jugement de l'Eglise; mais c'était un schisme de fait; car tous étaient excommuniés par l'un ou par l'autre des papes déposés. Cependant, le Pape nommé par le concile, reconnut le clergé des deux obédiences; l'une des communions eut un *béatifié*; l'autre eut une sainte canonisée. Voilà ce qui s'applique parfaitément aux circonstances présentes, et ce qui décide quelle conduite on doit suivre aujourd'hui, si l'on ne veut pas être (pardonnez - moi d'en être convaincu), des persécuteurs manifestes.

M. M. Lorsqu'une église particulière a soumis au Pape une question doctrinale, lorsque celui-ci a prononcé, lorsque l'Église universelle se tait, alors on doit regarder, comme décision de l'Église, ce qu'il a prononcé; donc il faut obéir au bref de 1791.

M. L. Le temps nécessaire pour que le silence de l'Église sur une décision du Pape, en fasse une règle, supposerait au moins que cette décision a été connue de toute l'Église ; c'est là ce qu'on ne peut dire, encore moins prouver, relativement au bref de 1791. D'ailleurs, il n'y a point de temps fixe pour que le silence de l'Église sanctionne un point de doctrine. Voyez ces amas de réponses des Papes, contradictoires entre elles, et trop souvent avec la raison, avec l'Évangile, et qui forment pourtant les énormes in-folio du bullaire romain. Dites combien faudrait-il de millenaires d'années de silence, pour en faire des règles de l'Église ? L'éternité n'y suffirait pas. Enfin, le bref de 1791 n'a aucune des conditions nécessaires pour en faire une règle véritable.

On nie d'abord qu'il ait pour auteur Pie VI. On le croit de la composition d'un abbé Royou, qui le mit en vente à Paris. Il parut à Paris le lendemain de sa date à Rome ; il contrarie évidemment la doctrine des conciles généraux, de Nicée, de Chalcédoine, de Trente, etc. ; il calomnie l'Assemblée constituante, puisqu'il l'accuse d'avoir proscrit la religion catholique, quoiqu'elle ait décrété que les ministres de ce culte seraient les seuls ministres de religion salariés par l'État. Je ne parle pas de bien d'autres erreurs justement reprochées à ce bref ; il statue non sur une matière de doctrine réservée au jugement de l'Eglise, mais sur des points de cette discipline purement extérieure, qui a toujours varié. Il n'est point reçu doctrinalement par le clergé de France, quoique le plus grand nombre de nos évêques en fassent un instrument de persécution illégale, anti-chrétienne et anti-canonique. L'avez-vous reçu vous-même, Monseigneur, le bref *Royou ?* Vous a-t-il été jamais adressé officiellement ? En avez-vous signé une acceptation quelconque patente ou occulte ? Comment prétendez-vous m'imposer un fardeau que vous n'oseriez toucher du bout du doigt? Avez-vous fait publier ce bref à Rennes, ou seulement à Trèves? Vous ne l'avez promulgué nulle part. Comment l'eussiez-vous fait, lorsqu'il n'est point passé en loi, et lorsque nos lois prohibent et punissent la publication et l'exécution des brefs généraux, du moins, qui n'ont pas reçu l'attache du gouvernement? Comment ne songez-vous pas qu'en me pressant de signer cette formule, vous-même vous vous déclarez parjure et rebelle envers l'État (1)? Pourquoi me tentez-vous? Je ne finirais pas si je voulais rapporter ce qui a été dit, et ce qu'on peut ajouter contre ce bref. Il n'y a donc ici pour vous, que votre opinion personnelle qui n'est pas règle de foi; il n'y a que la nécessité prétendue de se conformer à vos idées, à votre système politique pour continuer dans votre diocèse les fonctions du ministère de Jésus-Christ, les eût-on remplies quarante et un ans sans reproche et même dans un poste des plus honorables; énoncer une pareille conduite, c'est la condamner assez.

Croyez-vous donc, que l'hérésie de la domination cesserait d'être une hérésie, parce que le Pape et des prélats français en seraient entachés? Le silence de l'Eglise en cette hypothèse, ferait-elle de cette doctrine réprouvée une loi de l'Eglise, dont l'infraction méritât des censures? Non, Monseigneur, un évêque catholique n'aura jamais pour maxime, *sic volo, sic jubeo, sit pro*

---

(1) L'ordonnance du Roi, du 23 décembre dernier, a déclaré *qu'il y a abus* dans une telle conduite, et n'a excusé M. l'évêque de Poitiers, qu'en présumant qu'il a délinqué par mégarde. Après cet avertissement public, une telle excuse ne pourrait être plus admise.

ratione voluntas. Il se gardera d'ajouter à la doctrine de l'Eglise, et il ne retranchera rien à la charité.

M. L. n'a rien obtenu de M. de Mannay, qu'une nouvelle lecture de la formule de rétractation, un refus d'en donner copie, et pourtant quelques jours de réflexion. Il a fallu prendre le parti ou de fuir, ou de vivre à Rennes, déshonoré, comme hérétique et schismatique, ou de se constituer rebelle aux lois, et perturbateur de l'ordre et de la paix. Avant de partir pour Paris où il réside quant à présent, il a écrit à son évêque la lettre suivante :

Monseigneur,

Il y a plus de 29 ans que les raisons sur lesquelles vous appuyez votre conduite à mon égard ont été pulvérisées ; c'est ce que j'ai vérifié de nouveau, depuis que j'ai eu l'honneur de vous voir ; d'où vous pouvez conclure que je suis loin d'accéder à ce que vous exigez impérieusement et avec menaces. *Non possumus aliquid adversùs veritatem, sed pro veritate*, dit St. Paul aux Corinthiens. Vos pouvoirs sont à vous, ma conscience est à moi. J'ai l'honneur de vous prévenir que ma santé et d'autres affaires m'appellent à Paris, et que mon absence momentanée ne prendra rien sur les sentimens que la religion me commande à votre égard, et avec lesquels j'ai l'honneur d'être très-respectueusement, de votre grandeur, Monseigneur, le très-humble et très-obéissant serviteur,

LANJUINAIS,

Prêtre, Docteur en théologie et en droit, et sous-doyen de votre chapitre.

Rennes, 7 novembre 1820.

Dans un temps d'arbitraire déclaré, dans le silence forcé de la justice des hommes, on voit que le simple récit des faits, la seule force de la vérité combattent victorieusement encore pour l'innocence opprimée (1). C'est quelque chose pour ceux qui ont du pain ; mais que répondre à ceux qui en manquent, parce qu'un faux zèle et une fausse politique le leur arrachent?

Plein de charité pour ses adversaires, et très-disposé à les obliger en toute occasion, M. L., dans le silence de la retraite, prie chaque jour pour qu'ils reviennent à de meilleurs sentimens. Il regrette qu'on l'ait mis, par de longs excès d'injustice et de scandale, dans la nécessité de rappeler des faits trop connus et trop dignes d'oubli.

Il a écrit de Paris, en décembre dernier, à M. de Mannay, une lettre de civilité, qui est demeurée sans réponse. Il attend dans la paix que son évêque revienne de son système d'arbitraire et de ses préventions injustes.

Lorsqu'on aura laissé un libre cours aux tribunaux d'appel comme d'abus, qui existent de droit, d'après l'esprit de la Charte constitutionnelle, mais qui manquent de fait, et qui sont si nécessaires pour mettre fin à l'anarchie et à l'oppression dans l'Église gallicane, il usera au besoin, quoiqu'à regret, de ce genre de pourvoi.

---

(1) *Repelluntur ita veritatis viribus,*
    Qui fictis causis innocentes opprimunt.